जिंदगी की धड़कन

जिंदगी के हर पल को महसूस करें

डॉ सुशीला चौरसिया

BookLeaf Publishing
India | USA | UK

Made with ❤ on the BookLeaf Publishing Platform
www.bookleafpub.in
www.bookleafpub.com

Dedication

"मेरे परिवार, मित्रों और सहयोगियों को,
जिनका असीम प्रेम और समर्थन मुझे प्रेरित करता है।
उन गहन विचारों के लिए, जो मन की गहराइयों में डूबते हैं, जीवन की हर लय में समाते है और दिल से दिल तक फैलते हैं।
उम्मीद है, मेरी कविताएँ आपके दिल को छूएंगी, और यह पुस्तक आपके स्नेह और साथ से और भी समृद्ध होगी।"

Preface

"जब मैं अपनी कविताओं के इस संग्रह 'जिंदगी की धड़कन' को देखती हूँ, तो मुझे गर्व और खुशी की एक असाधारण अनुभूति होती है। इन कविताओं में मैंने अपने जीवन के अनुभव, भावनाएँ और विचारों को शब्दों में पिरोया है। यह संग्रह मेरे जीवन के विभिन्न पहलुओं का एक प्रतिबिंब है, जिसमें मैंने माता, परिवार, पहचान और आत्मखोज जैसे विषयों को छुआ है। इन कविताओं में मैंने जीवन की चुनौतियों और खुशियों को भी कवित किया है।

मेरे लिए कविता लिखना एक आत्म-विश्लेषण का तरीका रहा है, जिसमें मैं अपने विचारों और भावनाओं को शब्दों में ढालती हूँ। मुझे उम्मीद है कि ये कविताएँ आपके साथ भी जुड़ेंगी और आपको अपने अनुभव और भावनाओं का प्रतिबिंब दिखाएंगी।

इस संग्रह को तैयार करने में मुझे बहुत समय और मेहनत लगी है, और मुझे उम्मीद है कि आप इसे उतना ही पसंद करेंगे जितना मैंने इसे बनाने में आनंद लिया है। मैं चाहती हूँ कि ये कविताएँ आपको प्रेरित करें, सांत्वना दें और जीवन की सुंदरता को देखने में मदद करें।"

Acknowledgements

मैं अपने परिवार का तहेदिल से आभार व्यक्त करती हूँ, जिन्होंने मुझे इन कविताओं को रचने के लिए प्रेरणा और समर्थन दिया। मेरे जीवनसाथी का विशेष आभार, जिन्होंने मेरी रचना को पढ़ा और मुझे अपनी महत्वपूर्ण राय से नवाजा।

मैं अपने गुरुजन का आभार व्यक्त करती हूँ, जिन्होंने मुझे कविता की गहराइयों से परिचित कराया। बुकलीफ पब्लिकेशन की समर्पित टीम का आभार, जिन्होंने इस पुस्तक को साकार करने में अपना अमूल्य समय और प्रयास लगाया।

सभी सहयोगियों और मित्रों का आभार, जिन्होंने इस पुस्तक के निर्माण में प्रत्यक्ष या अप्रत्यक्ष रूप से योगदान दिया।

विशेष आभार

- अपने परिवार के लिए, जो मेरे हर सपने को पूरा करने में सहायक रहे हैं।
- अपने प्रकाशक के लिए, जिन्होंने मेरी रचना को पाठक तक पहुँचाने में महत्वपूर्ण भूमिका निभाई।

1. वो मेरे प्रभु महान हैं

गज सा है मुख जिनका,
वो मेरे भगवान हैं,
लंबोदर हैं नाम जिनका,
उनका प्रथम स्थान है,
अर्धनारीश्वर से जन्मे,
वो मेरे प्रभु महान हैं।

हर विघ्न के हैं दाता,
उनका क्या करूं गुणगान हैं,
रिद्धि सिद्धि में जिनका बसा, जीवन और प्यार है,
वो मेरे प्रभु महान हैं।

हर विपदा को टालते जाते,
हर कर्म को सम्पूर्ण कराते,
वो मेरे विनायका, वो मेरे भगवान हैं,
जिनका प्रथम स्थान है,
उनका करू क्या गुणगान हैं,
हम तो बस एक इंसान हैं 1

2. गजानन तेरा नाम जपु

गजानन तेरी भक्ति करूं,
दिन रात तेरा नाम जपु,
हर बुराइ से रक्षा कर,
यही कामना हर बार करूं,
गजानन तेरा नाम जपु।

जो विघ्न है, उसे टाल दे,
जो टल नहीं सकता, उसे सहने का ज्ञान दे,
मेरे घर में हमेशा तू बिराजमान रहे,
मेरे दिल में सदा तेरा प्रथम स्थान रहे,
बस पल पल तेरी भक्ति करु,
गजानन तेरा नाम जपु।

हम पर सदा तेरी कृपा और प्यार रहें,
हर विपदा आने से पहले तुझसे डरें,
यही कामना दिन रात करु,
गजानन तेरी भक्ति करूं,
हर कर्म से पहले तेरा नाम जपु।

3. ज़िंदगी के आसू

ज़िंदगी तेरे आसुओं को शरबत समझ के हम पी गएं,
ख़ुशी पाने की उम्मीद में थोड़ा और हम जी गएं,
फटे हुए दामन को रंगीन धागो से सी गएं,
ज़िन्दगी तेरे हर करम को अपना करम कहते ही रहें।

मुश्किलों का दौर था,
अल्फ़ाज़ कम पड़ जाए वो आलम ही कुछ और था,
हम अपनी कश्ती को किनारे की तलाश में थोड़ा और आगे भी गएं,
ज़िंदगी तेरे आसुओं को शरबत समझ के हम पी गए।

आगे तुझसे थोड़ी आस थी,
सपना जो पनप रहा था उसे पाने की प्यास थी,
रास्तों में खोए हुए मंजिल की तलाश थी,
उस शिखर की आस में दुश्मनों के भीड में हम भी गएं,
ज़िंदगी तेरे हर सितम को होठों की मुस्कान से जी गएं,
ज़िंदगी तेरे आसुओं को शरबत समझ के हम पी गए।

4. माँ तेरा आंचल क्यों मुझसे छूट गया

माँ तेरा आंचल क्यों मुझसे छूट गया,
ममता भरी आँखों का सागर क्यों सूख गया,
इतनी क्यों बड़ी हुई कि मेरा खुदा ही मुझसे रूठ गया,
माँ तेरा आँचल क्यों मुझसे छूट गया।

ममता, प्यार और स्नेह से भरा वो आँचल था,
दुनिया के सारे रंगो का जिसमें समापन था,
ये कौन सा था रंग, जो सब रंगो में जीत गया,
माँ तेरा आंचल क्यों मुझसे छूट गया,
माँ तेरा आंचल क्यों मुझसे छूट गया।

5. जिंदगी में आगे बढ़ना है

जिंदगी में आगे बढ़ना है,
हर वक्त कुछ अच्छा करना है,
हर सफर को यादों से भरना है,
हर दुख में भी होठों पे हंसी रखना है,
जिंदगी में आगे बढ़ना है,
हर वक्त कुछ अच्छा करना है।

आगे कितने भी ऊंचे पहाड़ आए,
कांटो के कितने भी बहार आए,
खाई कितनी भी गहरी हर बार आए,
चाहे कितनी भी दूर तक नजर अंधकार आए,
हर अंधकार को चीर के आगे निकलना है,
जिंदगी में आगे बढ़ना है,
हर वक्त कुछ अच्छा करना है।

6. नफ़रत क्यों करता है मेरे दोस्त

नफ़रत क्यों करता है मेरे दोस्त,
नफ़रत को पी ले ज़रा,
वो भी इंसान है, तू भी इंसान है,
फिर किस बात का गुमान है,
नफ़रत भुला के आगे बढ,
ख़ुदा की दी हुई इस ज़िन्दगी की कुछ तो कदर कर,
सोचा है कभी ये कहा लेकर जाएगा,
कभी खुद की, तो कभी अपने-अपनो की नजर में गिराएगा,
नफ़रत क्यों करता है मेरे दोस्त,
नफ़रत को कहा लेकर जाएगा।

7. जाने कहां गया वो जमाना

वो कागज की कश्ती,
वो यारो से मस्ती,
वो त्यौहार के पहले ही त्यौहार मनाना,
वो अपनो के संग बैठना और मुस्कुराना,
जाने कहां गया वो जमाना।

वो अपनी होंबीस को आगे लाना,
वो अपनी कॉपीस को भरते जाना,
वो एक फ़ोन शेयर करने में ही हर सुख पाना,
जाने कहा गया वो जमाना।

वो कैमरे में तस्वीर खिचवाना,
जो देखने के लिए रील का धुलवाना,
उस इंतज़ार में ही तो मजा था मेरे यारा,
जाने कहां गया वो जमाना।

वो फ्रॉक, वो कपडे, वो बचपन सुहाना,
जाने कहाँ लुप्त हो गया वो जमाना।

8. बहुत कम लोग होते हैं

बहुत कम लोग होते हैं,
जो आपकी तकदीर बनाते हैं।

बहुत कम लोग होते हैं,
जो आपके जीवन में अपनी लकीर बनाते हैं।

दिल तोड़ने वाले तो बहुत मिलेंगे,
पर जो दिल में समा जाए,
वही आपके दिल में अपनी तस्वीर बनाते हैं।

9. शायरी जिंदगी पर क्या असर करती हैं

शायरी जिंदगी पर क्या असर कर देती है,
हर पल सुहाना, हर दिल दीवाना कर देती है।

मन में एक विश्वास जगाती है,
जीने के लिए छोटी छोटी आस दिखती है।

कलम गर सही दिशा में चले तो,
लोगों के मन पर गहरा असर कर देती हैं।

जो गर गलत दिशा का मोड़ ले तो,
मन में विद्रोह का कड़वा जहर भर देती है।

10. नारी हूं कमज़ोर नहीं

नारी हूं कमज़ोर नहीं,
हर बल मुझमें हैं,
जिसका कोई तोड़ नहीं,
फूल सी कोमल हूं,
पर मन से हूं कमजोर नहीं,
नारी हूं मुझे पे डालो कोई जोर नहीं।

सुबह की पहली लाली हूं,
रात का अँधेर नहीं,
ख़ूबसूरती का भंडार हूँ,
देती सबको प्यार हूँ,
मुझे दुनिया में आने दो,
मैं करती हूं तुमसे बिनती यहीं,
नारी हूं कमजोर नहीं।

11. लड़किया लड़को से कम नहीं

किसी भी वजह से लड़किया लड़को से कम नहीं,

ऐसा कोई भी काम नहीं, जो लड़कियां करने में सक्षम नहीं,

बात है बस उन्हें सही शिक्षा सिखाने की,

उनके तन और मन को मजबूत बनाने की,

ये काम है जो माता-पिता और गुरु कर सकते हैं नन्हेपन में,

उनको सहनशीलता नहीं,

सिखा सकते है, आत्मरक्षा करना हर एक पल में।

12. मेरे सपने हैं बहुत निराले

मेरे सपने हैं बहुत निराले,
पर मुझे है ये सबसे प्यारे,
कुछ लोगो को लगते हैं अजीब,
पर मेरे दिल के हैं बहुत करीब।

थकने के बाद भी उठने का मन करता है,
नींद आती है, पर जगने का मन करता है।
ख्याल कोई और नहीं लाने का मन करता है,
ख्याल करती हूं इनका, इनको पालने का मन करता है।

पौधे की तरह पानी देने और सींचने का मन करता है,
ताकि एक दिन ये वृक्ष बने,
ऊँचाई जिसकी दुनिया देखे,
और संसार जिसके बिना कुछ रिक्त लगे,
ऐसे सपने हैं मेरे निराले,
पर लगते हैं मुझे सबसे प्यारे।

13. जिंदगी है एक अनोखा त्यौहार

जिंदगी है एक अनोखा त्यौहार,
सुख शांति से मनाओ इसे बार-बार,
इसमे दु:ख भी आये तो कभी ना छोड़ो ईश्वर का द्वार,
जिंदगी ये मिलता नहीं बार बार।

इसमे दुख भी आते हैं, तुझे बताने के लिए,
तुझे थोड़ा और मजबूत बनाने के लिए,
तेरे आगे की खुशियों को थोड़ा और सजाने के लिए,
कभी ना मान इनसे हार,
बस ईश्वर में बनाए रखना विश्वास हर बार,
जिंदगी तो है ईश्वर का उपहार।

14. हे अर्जुन चल उठ

हे अर्जुन चल उठ, फिर वो सवेरा आया है,
हे अर्जुन चल उठ, तेरे कृष्ण ने तुझे बुलाया है,
हे अर्जुन चल उठ, इस जग को फिर से सिखाने का मौका आया है,
हे अर्जुन चल उठ, पल वो दोबारा आया है,
तेरे कृष्ण ने तुझे बुलाया है।

संसार में महाभारत चल रहा है,
कलयुग का काल हर ओर बिखर रहा है,
सच्चा इंसान भागकर जाने किधर जा रहा है,
हर मन में इस युग की काली छाई है,
हे अर्जुन चल उठ, फिर तेरी ज़रूरत आई है।

आज की जिंदगी किधर चल रही है,
बस सबको अपने जरुरत की पड़ी है,
जहां देखो जैसे दूसरे ही पल मुसीबत खड़ी हैं,
हर रिश्ते में कड़वाहट सी छाई है,
हे अर्जुन चल उठ, फिर से चली वो पुरवाई हैं।

15. हे ईश्वर

हे ईश्वर मुझे इस दुनिया में जीने का सलीका सिखा दे,
मेरे अंदर थोड़ा कपट और थोड़ी चालाकी जगा दे,
ये कलयुग है, यहाँ कोई सच्चा टिक सकता नही,
इन दोनों के बिना यहाँ कोई रुक सकता नहीं,
अच्छाई से यहाँ कुछ मिलता नहीं,
यहाँ अपने भी छोड देते हैं,
गर उनका मतलब तुमसे निकलता नहीं।

कलयुग की भेड़ में मैं कही गुम सी हो गई हूँ,
अपनी अच्छाई के साथ जीते जीते सुन्न सी हो गई हूं,
मेरे अंदर इन दोनो का सम्मेलन करा दे,
इस दुनिया में जीने का सलीका बता दे।

मेरा दिल इतना कमज़ोर क्यों है,
हर बात पर आसू छलकाते हैं,
मेरा मन इतना कमज़ोर क्यों है,
हर पल मुझे रुलाते हैं,
हे ईश्वर, मेरी ये इच्छा पूरी करा दे,
इस दुनिया का सफर पूरा कर सकून इस काबिल बना दे।

16. एक वीर जवान

सरहद को बचाने के लिए,
तुम्हें हर मुसीबत से सलामत लाने के लिए,
एक वीर जवान खड़ा है, अपने जज्बे को साथ लिए।

अपनी जिंदगी को मौत से सजाते हुए,
अपनी हर ख़ुशी तुमपर लुटाते हुए,
एक वीर जवान खड़ा है, अपने सर पर कफन बांधे हुए।

अपनी जवानी को त्यागे हुए,
अपने अपनों को रुलाते हुए,
अपनी हर सीमा को बचाते हुए,
एक वीर जवान खड़ा है, तुमपर अपनी जिंदगी लुटाते हुए।

17. पति और पत्नी

पति और पत्नी जीवन का आधार हैं,
दोनो अगर मिलके चले तो संसार में बस प्यार ही प्यार है,
एक दूसरे का सम्मान करे,
एक दूसरे का सहारा बने,
यही सच्चे और अच्छे जीवन की पुकार हैं,
एक दूसरे की इच्छाओ को समझे,
एक दूसरे की भावनाओ को समझे,
यही समझ लिया तो,
जीवन में बस सुख की जीत होगी,
कभी ना होगी हार हैं।

18. पतझड़ सावन बसंत बहार

पतझड़ सावन बसंत बहार,
एक वर्ष के रूप हैं चार,
हर मौसम की अपनी ख़ासियत,
हर मौसम की अपनी पुकार,
पतझड़ सावन बसंत बहार।

पतझड़ में हर पत्ता गिरें,
जैसे पुराना रूप छटे,
सावन में नया जन्म मिले,
बसंत में वो और बढ़े,
पुन्हा खुले प्रकृति का द्वार,
पतझड़ सावन बसंत बहार।

जैसे इनका रंगरूप है,
वैसे ही मनुष्य का जीवन भी खूब है,
हर जन्म के अंत में नया स्वरूप है,
और नये जीवन में फिर खुले संघर्षो का द्वार,
पतझड़ सावन बसंत बहार,
एक जीवन के रूप हैं चार।

ईश्वर की रचना भी खूब है,
खूब है इनका सोच विचार,
सबके लिए इनके मन में है प्यार,

हें ईश्वर हमपर कृपा रखना हर बार,
पतझड़ सावन बसंत बहार।

19. आज लोगो के हाथों में मोबाइल हैं

आज लोगो के हाथों में मोबाइल हैं,
और चेहरे पर झलकती, स्माइल है,
कोई जोर जोर से किसिको सुना और चिल्ला रहा है,
तो कोई ईयरफोन से धीमे धीमे कुछ बता रहा है,
कोई वीडियोकॉल में मग्न है,
तो कोई नेटवर्क की तलाश में भाग रहा इधर, उधर है,
कोई सुन रहा, गाने की सुरीली टोन है,
तो कोई सोच रहा है, भगवान ये क्यों बनाई फोन है।

20. वो है एक चिकित्सक

मारीजो की कुशलता के लिए जिसने दिन-रात एक किये,
मरीज की जिंदगी जिसके लिए जैसे कोई प्राण प्रिये,
ऐसा एक इंसान जो धरती पर भगवान ने दिये,
जो हैं उनका दूत, पर ढांचे में इंसान का रूप लिये
जो है ऐसा इंसान, जो है इतना महान,
वो है एक चिकित्सक, एक डॉक्टर मेरी जान।

किताबों से जिसने अपना जीवन बांध लिया,
जिसके लिए अपना सारा बचपन और आधी जवानी त्याग दिया,
हर रोग समझने के लिए दिन रात एक किया,
ऊपर से भले इंसान सही, पर कर्मों में एक अमृत सबके लिए,
वो है एक चिकित्सक, एक डॉक्टर मेरे प्रिये।

21. ये जिंदगी तुम्हारी है

मुस्कुराओ,
ये जिंदगी तुम्हारी है,
मुस्कुराओ,
ये पल भर की सवारी है,
मुस्कुराओ,
ये जिम्मेदारियो की कहानी है,
पार नहीं कर पाओगे,
गर मन में छायी उदासी है,
इसिलिये,
मुस्कुराओ,
क्योंकि ये जिंदगी तुम्हारी है। 1

मुस्कुराओ,
ये हौसलों की बारी है,
मुस्कुराओ,
ये मुश्किलें तोड़ने की तैयारी हैं,
दिल ना दुखाओ किसी का, ये बात कितनी प्यारी है,
ईश्वर में विलिन होना यहीं अंत सबका जारी है,
पल भर ही सही, पर दिल से मुस्कुराओ,
क्योंकि,
ये जिंदगी तुम्हारी और सिर्फ तुम्हारी है।

www.ingramcontent.com/pod-product-compliance
Lightning Source LLC
Chambersburg PA
CBHW070655240926
51846CB00003BA/924
* 9 7 8 9 3 7 5 2 7 7 6 5 1 *